VENTE

Du Mardi 30 Novembre 1909

HOTEL DROUOT, SALLE N° 7

à 2 heures 1/2 précises

Estampes Anciennes

DU XVIIIᵉ SIÈCLE

RELATIVES A

L'ORNEMENTATION ET A L'ARCHITECTURE

COMMISSAIRE-PRISEUR

Mᵉ ANDRÉ DESVOUGES

Successeur de M. Maurice DELESTRE

26, rue de la Grange-Batelière

EXPERT

PAUL BIHN

61, rue Taitbout

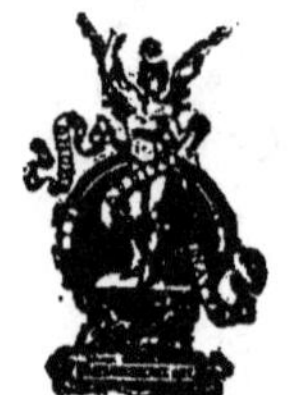

CATALOGUE

DES

Estampes Anciennes

DU XVIIIe SIÈCLE

RELATIVES A

L'Ornementation et à l'Architecture

Par et d'après

BOUCHER FILS, CUVILLIES, LA LONDE, RANSON, WATTEAU, ETC., ETC.

Dont la vente aura lieu

HOTEL DROUOT, SALLE N° 7

LE MARDI 30 NOVEMBRE 1909

A 2 heures 1/2 précises

COMMISSAIRE-PRISEUR

Me ANDRÉ DESVOUGES, Successeur de M. Maurice DELESTRE

26, rue de la Grange-Batelière

EXPERT

M. PAUL BIHN, 61, rue Taitbout

PARIS

Chez lesquels se distribue le présent Catalogue

CONDITIONS DE LA VENTE

Elle sera faite au comptant.

Les adjudicataires paieront *dix pour cent* en sus des enchères.

L'expert remplira, aux conditions d'usage, les commissions que voudraient lui confier les amateurs ne pouvant assister à la vente.

Les gravures sont visibles chez l'Expert, dès maintenant, jusqu'à la veille du jour de la vente, de neuf heures du matin à midi et de deux heures à sept heures du soir.

Paris. — Imp. de l'Art, Ch. BERGER, 41, rue de la Victoire.

DÉSIGNATION

BABEL (P.-E.)

1 — Cartouches. Suite complète de huit pièces. Toutes marges.

BEHAM (H.-P.)

2 — Le Mascaron 1543 (B. 231). Très belle épreuve.

BÉRAIN (J.)

3 — Seize pièces extraites des œuvres de J. Berain. Belles épreuves. Grandes marges.

4 — Dessins de cheminées. Suite de vingt pièces, dont nous ne possédons que dix-huit.

BEUNAT (Jos.)

5 — Recueil des dessins d'ornements d'architecture de la manufacture de Joseph Beunat, à Sarrebourg, contenant tout ce qui a rapport à la décoration des appartements, etc. Paris, Jullet, in-4° cart.

> 1re édition de la 1re partie contenant 100 planches et plus de 900 motifs ; 2e partie, numéros de 101 à 164, propriété de J.-J. Heiligenthal et Cie. *Très rare à trouver aussi complet.*

BLONDEL

6 — Dessins de cheminées et lambris de menuiserie pour la décoration des appartements. Cahier de six pièces, complet.

BLONDEL (J.-Fr.)

7 — De la Distribution des maisons de plaisance et de la décoration des édifices en général. Paris, Ch.-Ant. Jombert, 1737-38, in-4°, 2 vol. rel. veau ancien.

BONNET

8 — Fleurs. — Bouquets, d'après Carle. Dix planches imprimées en couleurs. *Rares.*

BOUCHARDON

9 — L'Attachement. — Le Goût. — L'Ouye. — La Vue. Quatre pièces faisant suite.

BOUCHARDON (D'après)

10 — Sacrifice à Cérès. — Ulysse évoque l'ombre de Tiresias. Deux pièces faisant pendants, gr. par le comte Caylus.

BOUCHER (Fr.)

11 — Grands cartouches. Quatre pièces, gr. par Huquier. *Fort rares.*

12 — Groupe d'enfants. Vingt-trois planches, gr. par Huquier, Aveline, La Rue.

13 — L'Eau. — L'Air. — L'Astronomie, etc. Treize pièces représentant des groupes d'enfants, gr. par Huquier, La Rue, Aveline.

14 — Le Printemps. — L'Été. — L'Air. — L'Eau. — La Terre. — Les Pêcheurs. Six planches, gr. par La Rue, Duflos, représentant des groupes d'enfants. Toutes marges.

BOUCHER ET VANLOO

15 — Frontispices. Dix pièces, dont huit d'après Boucher, représentant des allégories, gr. par Tardieu, Duflos, Cars, Dorigny, etc. Grand in-fol. Marges non ébarbées. Une planche a une déchirure.

BOUCHER Fils (J.-Fr.)

16 — Seize planches, extraites des 23e, 40e, 46e, 49e et 50e cahiers de l'œuvre du maître. A toutes marges.

17 — Livre d'ameublements, de décoration intérieure et extérieure. A Paris, chez Le Père et Auvalez. Petit in-fol. Soixante-douze planches de l'œuvre contenant les cahiers 4, 5, 8, 9, 10, 11, 15, 20, 21, 26, 27 et 51 complets. Grandes marges. Belles épreuves. Cart.

18 — Livre des tombeaux, sept planches d'une suite de huit.

BOURDON (G.)

19 — Essais de gravures (livre second), par Pierre Bourdon, où l'on voit de beaux contours et listels d'ornements traités dans le goût de l'art, utiles aux horlogers, orfèvres, etc. Paris, chez l'auteur, 1703. Suite complète de sept planches. Toutes marges.

BOYVIN (R.)

20 — Histoire de Jason et de la conquête de la Toison d'Or. Dix-huit planches au lieu de vingt-six. (R. D. 39-64).

21 — Panneaux d'ornements animés des divinités du paganisme. (R. D. 119-134.) Sept pièces de la suite. *Rare.*

BRODERIES

22 — Seize planches broderies, publiées chez Basset.

23 — Un lot similaire au précédent.

BRUCHON (N.)

24 — Premier cahier de lettres alphabétiques en fleurs. Cahier complet de quatre planches, gr. par Colinet. *Excessivement rare.*

BRY (Théodore de)

25 — Fonds de coupes ornées de grotesques : Capitaine des Folies. — Capitaine prudent. — Orgueil et Folie. — Charité. Quatre belles pièces anciennes. (La Charité est sans marges.)

CAUVET (G.-P.)

26 — Vases. Vingt et une pièces, gr. par Hemery, Martini et Viel.

COCHIN le Vieux (N.)

27 — Livre nouveau de fleurs, très utile pour l'art d'orfèvrerie et autres. Dédié à J. de Leins. A Paris, chez J. Sauvé. Suite de douze planches et un titre. Cart. *Très rare.*

COLLAERT (Adrien)

28 — Sujets mythologiques placés dans des ronds entourés d'ornements grotesques, sur fond noir, reproduisant Junon, Neptune, Vénus et l'Amour, Mercure et Pâris. Cinq pièces d'une suite de six. *Très rare.*

COLLAERT (Jean)

29 — Bullarum inavrium, etc., archetypi, artificiosi, 1582. Huit planches représentant des pendeloques. Belles épreuves. Courtes de marges.

CORNILLE (F.)

30 — Retables d'autels, confessionnaux, alcôves avec cabinets, etc. Vingt planches de l'œuvre de Cornille (cahiers 1, 3, 4 et parties des autres cahiers).

CRÉPY

31 — Nouveau livre de Grilles. Cahier complet de six feuilles.

CUVILLIES (Fr. de)

32 — Recueil contenant : Nouveau livre de plafonds. — Livre de *serrurerie*. — Cinq livres de lambris notés 24, 25, 26, 27 et 28. — *E* Livre de pieds de tables. — *F* Livre de différentes commodes. — *G* et *H* Livres de *serrurerie*. — *L* Livre d'ornements (consoles et guéridons). En tout, 71 planches (le cahier 25 ayant 7 planches). Très belles épreuves, très propres, cart.

D'AVILER (Ch.-Aug.)

33 — Cours d'architecture, qui comprend les ordres de Vignole, avec des commentaires, les figures et les descriptions de ses plus beaux bâtiments, et de ceux de Michel-Ange, etc. Paris, Jombert, 1760, in-4° rel. veau.

DELAUNE (Et.)

34 — La Divinité, la Justice, la Prudence, etc., représentées d'une manière allégorique (R. D. 158-166) — Les Principales sciences représentées par des femmes environnées de leurs attributs. Deux suites complètes de neuf et de douze planches.

35 — Combats et Triomphes (R. D. 281-292). Suite de douze pièces, dont nous ne possédons que neuf.

36 — Grotesques à fonds blancs (R. D. 340-345). — Compositions enrichies de divinités de la fable, dans des ovales (R. D. 359-364), etc. Vingt-cinq planches différentes en bon état.

DELAFOSSE (J.-Ch.)

37 — Gaines. — Boîtes d'Horloges. — Cahier *Z*. Ce cahier, de quatre planches, qui devrait faire partie du 3ᵉ recueil de Delafosse, n'est pas décrit par Guilmard.

38 — Troisième recueil d'ornements : Cahier *B* Turquoise, veilleuse. — *C* Bergère, demi-baignoire, convalescente. — *F* Veilleuse à la turque. — *I* Berceuse. — *R* Canapé. — *Y* Poêles, dessin de buffet, etc. Onze planches. Belles épreuves.

DESSINS

39 — Froideau (Thomas de). Dôme. Très jolie aquarelle, illustrée de nombreux personnages, signée et datée.

40 — Dessus de porte, sépia rehaussé de gouache. — Entrée de port, dessin à la plume. — Entrée de parc. Aquarelle, signée et datée.

DIETTERLIN (Wendel)

41 — Architectura von Ausstheilung Symmetria und Proportion der Funff Seulen und aller darauss volgender Kunst Arbeit., etc. Nuremberg, Balt. Caymor, 1598. In-fol. couv., vélin de l'époque. Superbe exemplaire, n'ayant qu'une petite déchirure à la planche 107.

DIVERS

42 — Fontaines, par Moreau. — Vases, par Damery. — Fleurs, par Canot. — Croisées, par Dumont-le-Romain, etc. Vingt-neuf planches.

43 — Cartouches, par Huet. — Livre de différentes frises, par Ducerceau. — Église paroissiale, par Dupuis, etc. Vingt-neuf pièces. Lot très important.

44 — Rocailles, par Chedel. — Allégories, par Hutin. — Vases, par R. L., etc. Dix-huit planches, quelques-unes imprimées en sanguine.

45 — Vases, par Janinet. — Plafonds, par Cotelle. — Titres, par Perelle, etc. Trente-quatre planches.

DOPPELMAYR (Joh.-Gab.)

46 — Historische Nachricht von den Nurnbergischen Mathematicis und Künstlern, etc. Nurnberg Con. Monaths, 1730. In-fol. cart. anc. Ouvrage très intéressant par les gravures insérées à la fin. Une surtout, traitant d'une voiture marchant toute seule.

DU CERCEAU (Jac. Androuet, dit)

47 — Meubles. Vingt et une pièces de la suite, comprenant : Lits, 5 ff.; Cabinets et dressoirs, 13 ff.; Tables, 2 ff.; Cartouche, 1 f. Planches bien conservées.

DU CERCEAU (Jac. Androuet, dit)

48 — Les Grandes Arabesques. Suite complète de trente-six planches.

49 — Vases, aiguières et coupes. Cinquante pièces, in-12, en ff. *Pièces rares.*

50 — Arcs de triomphe antiques de Rome, d'Italie, de Vienne et de France. Orléans, 1549. In-4°. Suite complète de vingt-cinq planches, plus le titre. *Rare.*

DUMONT (Jacques, dit le Romain)

51 — Livre de nouveaux trophées inventés par Dumont le Romain et gr. par Blondel. Suite complète de sept pièces, y compris le titre, gr. d'après Oppenort.

ERRARD (Ch.)

52 — Divers trophées dédiés à la Sérénissime Reine de Suède, etc. Suite complète de six pièces.

FLEURS

53 — Vingt-quatre motifs de fleurs. Dessinés par Carle et gravés par Roubillac.

54 — Vingt motifs de fleurs. La plupart dessinés et gravés par Roubillac.

FORTY (J.-Fr.)

55 — Cahier de six girandoles à l'usage des orfèvres et des fondeurs. Six pièces gravées par Colinet, formant le cahier *A* des œuvres des sculptures en bronze. In-fol.

56 — Cahier de six lustres. Cahier *H* des œuvres des sculptures en bronze. Six pièces, gr. par Colinet.

GABRIEL

57 — Plans des jardins de Versailles. — Parterre des Tuileries, par M. de Cotte, etc. Neuf pièces. Belles épreuves. Toutes marges. Carton.

GERMAIN (P.)

58 — Eléments d'orfèvrerie. Cinquante-huit planches de la suite.

GILLOT (Cl.)

59 — Livre de portières pour tapisseries. Quatre pièces d'une suite de six.

60 — Dessus de clavecin, gr. par Crépy et Caylus. Deux pièces faisant pendants. Belles épreuves.

61 — Fête au dieu Pan. — Fête de Faune. — Fête de Bacchus, etc. Cinq planches, gr. par De Larmessin.

HELIN

62 — Compositions diverses d'architecture. Suite complète des six pièces et un titre.

HOLLAR (W.)

63 — Elévation de la Tour Saint-Rombaut à Malines, d'après son premier modèle. In-fol. en haut, gr. sur deux planches. (P. 865.) *Excessivement rare.*

HUQUIER

64 — Ecrans. Deux pièces dessinées et gravées par Huquier.

HUQUIER ET BOUCHER

65 — Chinoiseries. Cinq planches in-fol. Bonnes
épreuves.

JAMNITZER (Chr.)

66 — Grotesques. Suite de douze planches et de deux
feuillets de texte. Grandes marges. *Excessivement
rare.*

JARDINAGE

67 — Cahier contenant six planches des jardins anglo-
chinois. — 3e et 5e cahier du 3e volume, par Panse-
ron. Ensemble, dix-huit pièces. Un cahier colorié.

68 — Jardins de Wanstead, d'Ermenonville, de Roissy,
etc., gr. par Thismé et Le Rouge. Vingt-deux
planches.

69 — Nouveau cahier de baraques, construites au Jardin
des Plantes à Paris. — Cahier de différentes vues
prises au parc de Betz. — Au jardin de Mousseaux. —
Au château de Navarre, près d'Evreux. — Treillages
exécutés à Bellevue, Versailles, etc. Quarante-huit
planches.

JOMBERT (Claude)

70 — Architecture moderne ou l'Art de bien bâtir, pour
toutes sortes de personnes, etc. Paris, chez l'auteur,
en 1728. 2 vol. grand in-4º, veau, ornés de nom-
breuses gravures. Ouv. antérieur à celui indiqué par
Guilmard, qui serait publ. soi-disant par Charles-
Ant. Jombert en 1764.

LA GUERTIÈRE (Fr. de)

71 — Les grotesques de Raphaël, peints au Vatican.
Suite complète de dix-sept planches. (R. D. 1 à 17).

LA LONDE

72 — Œuvres diverses, cahier *D*. Six pièces.

LA VALLÉE POUSSIN

73 — Nouvelle collection d'arabesques propres à la décoration des appartements, gr. par Guyot. Vingt planches.

LE CANU et BELLICARD

74 — Portes cochères. Suite complète de six planches. Marges non ébarbées.

L'ÉGARÉ (Gédéon)

75 — Livre de feuilles d'orfèvrerie, gr. par Lombard. Suite complète de sept pièces.

LE PAUTRE (J.)

76 — Œuvres d'architecture. Sept cent vingt-trois planches, parmi lesquelles des *plus rares*, d'un tirage antérieur à celui d'Antoine Jombert. Trois vol in-4°, rel. veau anc. Il y a en outre six planches : Livre de cartouches, par Dolivar.

MARILLIER (Cl.-Pierre)

77 — Nouveaux trophées ou cartouches représentant les Arts et les Sciences, composés avec les attributs qui les caractérisent. Suite complète de douze pièces. Guilmard indique onze pièces et un titre. Ici il manque le titre, mais on a joint la géographie, non décrite. La Jurisprudence est restaurée.

MARIETTE (A Paris chez)

78 — Portes cochères, par Mansart, Cottar, etc. Six
planches.

MARLY

79 — Plan général du château, jardin, parc et dépen-
dances de Marly. Façade et intérieur. Quatre pièces à
toutes marges. Belles épreuves.

MONTCORNET (Balt.)

80 — Livre nouveau de toutes sortes d'ouvrages d'orfèvrerie recueillis des meilleurs ouvriers de ce temps.
Paris, 1665. Suite de douze planches, dont nous ne
possédons que onze. Belles épreuves, à toutes marges,
sauf la dernière.

MAROT (D.) et BULLET

81 — Cheminées, vingt planches. Portes, six planches. En
tout, vingt-six planches dans une couverture ancienne.

MOUCHERON (J.)

82 — Zaal Stucken in'thuys Van de H. D. B. Merquita.
Suite complète de quatre pièces. Trois autres panneaux décoratifs en largeur. Ensemble, sept pièces.

NEUFFORGE (J.-Fr. de)

83 — Recueil élémentaire d'architecture. Soixante cahiers
reliés en 3 vol., auxquels on a joint soixante-dix-huit
feuilles destinées à compléter l'ouvrage.

OZANNE (P.)

84 — Ornements de proues de navires. Vingt-quatre
planches, petit in-fol., dem. rel. veau. Très belles
épreuves, à toutes marges.

PETITOT (E.-A.)

85 — Mascarade à la Grecque. Suite de dix pièces, y
compris le titre, à laquelle on a joint deux feuillets
de texte.

PILLEMENT (Jean)

86 — Différentes figures chinoises. A Paris, chez Leviez.
In-8°. Sept pièces, y compris un titre.

87 — Figures chinoises, gravées par Canot et Avril.
Quatre pièces.

88 — Fleurs idéales inventées et dessinées par J. Pillement et gr. par Ed. Gautier-Dagaty, 1770. Cinq
pièces. — Cahier de six nœuds de rubans ornés de
fleurs, gr. par L. Dagoty. Trois pièces. Ensemble,
huit pièces, imp. en noir et rouge. *Rare*.

89 — Ornements, sujets chinois, gr. par Pillement. Imprimés à Londres. Six feuilles.

PINEAU (Nic.)

90 — Nouveaux dessins de pieds de tables et de vases, et
consoles de sculpture en bois. Suite complète de six
pièces.

91 — Nouveaux dessins de lits. Suite complète de six
pièces. Grandes marges.

PRIEUR (L.)

92 — Quatrième cahier de sujets arabesques. Suite complète de six pièces.

PRIMATICE (Fr. le)

93 — Galerie des peintures qui sont dans la Salle de bal
à Fontainebleau, etc. Douze (14) planches, gr. par
Betou. *Rare*.

QUEVERDO (Fr.-M.)

94 — Premier et deuxième cahier de panneaux, frises et
sujets arabesques. Deux suites de six pièces, complètes.

RANSON

95 — Premier et second cahier de trophées, gr. par Ber-
thaut. Douze pièces, à toutes marges. Belles épreuves.

96 — Dix-neuvième cahier de cartouches et ornements
de l'œuvre de Ranson. Cahier de six pièces, dont
nous n'en possédons que cinq.

97 — Livres de trophées des Arts et Sciences dans un
nouveau goût. Suite de treize pièces, y compris un
titre. *Rare en cet état.*

98 — Suite de différents attributs, trophées et groupes de
fleurs. Vingt planches.

R. L. DEL.

99 — Différents ornements. Imprimés à la sanguine.
Seize planches, gr. par Mlle Brinclaire.

ROUBO le Fils

100 — L'Art du menuisier. — L'Art du menuisier-carros-
sier. — L'Art du menuisier en meubles. — L'Art du me-
nuisier-ébéniste. — L'Art du treillageur (1769-75).
4 vol. in-fol., dem. rel. veau ancienne. En très bel
état de conservation.

ROUMIER

101 — Livre de pieds de table, etc. Deux pièces numéros 6 et 7 (Guimard ne cite que six pièces). — *Le Febvre* (Fr.). Livre de fleurs et de feuilles, etc. Trois planches de la suite. En tout, cinq planches. *Très rares.*

SAINT-AUBIN

102 — Différents bouquets de fleurs d'après nature. Cahier de six pièces.

SALEMBIER

103 — Cahier de frises. — Cahier d'arabesques. Deux suites de six planches, gr. par Salembier.

104 — Troisième cahier d'ornements et frises, gr. par Juillet, en 1877. Cinq pièces. Imprimées en sanguine. Toutes marges.

TIBESAR

105 — Cahier d'arabesques. Suite complète de six pièces.

TORO (J.-B.)

106 — Dessins à plusieurs usages, par H. Blanc, sculpteur. Six pièces.

107 — Livre de cartouches, dédié à M. Louis de Lenfant, gr. par Poilly. Cahier de six pièces, complet.

108 — Nouveau livre de vases, gr. par Rochefort et Ch. Cochin. Cahier de six planches, dont nous ne possédons que cinq.

109 — Trophées nouvellement inventées, gr. par C. Cochin. Cinq pièces d'une suite de six.

TREILLAGES

110 — Suite de treillages exécutés à Bellevue, Versailles, Marly, Pétersbourg, etc. — Plan du Labyrinthe de Versailles, inv. par Le Nôtre. Dix-sept planches numérotées, publiées à Paris, chez Daumont.

VAUQUER

111 — Médaillons ronds, renfermant des scènes bibliques accompagnées de petites frises d'enfants sur fond noir, de petites corbeilles de fleurs. Sept pièces. — Livre de fleurs. Cinq pièces. En tout, douze pièces.

WATTEAU (D'après)

112 — Bacchus. — Momus. — Deux pièces faisant pendants, gr. par Aveline et Moyreau (G. 238 et 243).

113 — L'Heureuse rencontre. — L'Amusement. Deux pièces faisant pendants, gr. par Huquier. In-fol. (G. 294 et 295).

114 — Le Berger content. — L'Heureux moment. Deux pièces faisant pendants, gr. par Crépy fils (G. 300 et 303).

WEIGEL Junior (Christ.)

115 — Des Neuen Strick Buchlein, Dritter Theil, worinnen nicht nur viel neue Zwickel, sondern auch alberhand Muster, etc. Suite *très rare* de vingt-sept planches.